AF193128

EL JARDÍN
del
ALMA ROTA

Gretel Verónica López Rodríguez

El jardín del alma rota
Gretel Verónica López Rodríguez

Diseño de la cubierta: Equipo de diseño de Universo de Letras
Imagen de cubierta: ©Shutterstock.com

Obra publicada por el sello Universo de Letras
www.universodeletras.com

Primera edición: 2026

ISBN: 9791388008344
ISBN eBook: 9791388009983

Índice

Narciso

Lo hago en tu presencia,
para que lo que depare la muerte,
sea pura arte de nobleza,
encanta la belleza,
de mi ardiente corazón.

Que este sacrificio sea digno de tu nombre,
y hagas el amago de recordarme, mi amor;
que lo tengas presente,
el arte de quererte,
con mi vida terminó.

Y hoy que quiero tenerte,
me has regalado el más trágico de los finales,
mi amor,
me regalaste el arte de traición.

Ortiga

Ayer probé tus labios,
bajo aquella capa de mentiras,
los nervios,
y, la sensación de culpa,
sin duda le daban el toque,
dejando de lado,
cualquier rastro de mi alma hecha pedazos,
vaya espectáculo.

Ayer probé tus labios,
tu sabías que moría,
deshaciéndome en tus manos;
ayer probé tus labios,
besos,
solo fueron eso,
mi corazón,
el pobre premio de consolación.

Ayer probé tus labios,
ingrata la carne,
que incita el deseo,
deseo de aquello, que puede dañar,
si te dijera que lo pensaba,
si te dijera que lo esperaba,
si te dijera que no te amaba,
mentiría,
por eso juzgo a la carne,
para no echarlo en cara.

Ayer probé tus labios,
y, hoy vida mía,
te pido los pedazos,
de mi triste corazón.

Azucena

Si te cuento la verdad,
¿me seguirías amando?
si te muestro mis cicatrices
 si te muestro mis temores,
si te dejo entrar en mi alma,
¿me seguirías amando?

No sé lo que es un amor a medias,
mi vida es un constante sube y baja de emociones,
intensas y abrumantes,
¿te quedarías?
¿estarías si te dijera que hay días en los que quiero morir?

No soy exigente,
no pido que te quedes,
pido seas sincero,
abrir mi mente,
mostrarte todas y cada una de mis pequeñas cosas,
estar aquí y quedarte,
yo no sé amar a medias.

Boca de dragón

Estoy perdida en el abismo de tu mirada,
cuando dijiste que eras mío,
mentías,
¿verdad?,
solo hay oscuridad inminente,
me arrulla cual pequeño,
estoy perdida en tu abismo y ya no encuentro una salida,
cuando decías que me querías,
mentías,
¿verdad?,
fuiste todo y fuiste nada,
perdida y sola,
fui tan tonta,
y te veo y estás perdido,
tu mirada oscura y tan sombría,
me asusta pensar que yo hice eso,
me asusta pensar que yo lo arruiné,
cuando dijiste que me amabas,
mentías,
¿verdad?
todo lo que hiciste,
me mentiste,
cuando dijiste que no te irías,
mentías,
mentías,
tú solo...
mentías

Azalea

Te deshaces en mis manos,
y, tal vez,
así tenía que ser,
te has quedado con un pedazo de mi alma,
de mi carne.

Nos hicimos tanto daño,
amor mío todo fue mentira,
creíste estar enamorado,
fruto de una confusión,
yo pensé que me amabas,
pensé por un momento,
sentí por un segundo,
que esto era el para siempre,
que los finales de los cuentos tenían razón,
soñaba y ansiaba el momento en que me dijeras
que me amabas de verdad.

Nunca sucedió,
aún puedo palparte en la punta de los dedos,
le ruego a Morfeo me deje verte,
tenerte si quiera en mis sueños.

Dondiego

Estoy sentada en mí sillón,
escuchando pensamientos;
me tapo los oídos,
pa' no dejarme llevar.

Dudando mi existencia,
dudando mi nombre,
dudando mi vida,
dudando el amor.

Me voy, me voy;
me voy,
surco el mar de pensamientos,
me consumen,
y, me voy,
me voy,
me voy,
buscando,
navegando en un barco,
me lleva y no regresa,
me voy a la deriva.

Marea alta,
y las olas,
me consumen,
me voy,
me entierro,
suspiro,
lo veo.

¡Tierra a la vista!,
una isla,
yo en el bote salvavidas,
me voy,
remo, remo y remo,
llego;
te busco,
no te encuentro,
me siento,
me duermo;
y me voy.

Brezo morado

Sí lees esto es porque ya no estoy,
sí lees esto es porque me ganó aquella emoción,
sí lees esto es porque me rendí.
vida mía.

Sí lees esto es porque te amo,
vida mía,
sí lees esto es porque me fui,
vida mía,
sí me buscas ya no estoy.

Demasiado tarde para pedir ayuda,
demasiado tarde para pedir perdón,
sí lees esto ya no estoy.

Vida mía,
vida Mía,
vida, vida, vida mía.

Cresta de gallo

Si tan solo me hubieras amado de la misma forma en que te amé,
sí tan solo ...
un momento,
un espacio,
un lugar.

Nacen las estrellas,
chocan los mundos,
lloras es silencio,
rezas implorando,
olvidas todas tus vidas.

Antes de ti era vida,
sí tan solo me hubieras amado de la misma forma en te amé,
que te amo, que te amaré,
antes de ti,
sí tan solo estuvieras aquí, antes de ti era vida,
juego a la ruleta rusa con palabras,
pierdo los lazos que nos ataban,
antes de ti no era nada.

Te pido de rodillas que me perdones
por no ser suficiente para tu corazón,
y lloro mientras río, porque antes de ti era todo y era nada,
juraba que te amaba,
y ahora me arrepiento por haberlo hecho,
sí tan solo me hubieras amado de la misma forma en que te amé

Erísimo

Te pedí que te quedaras,
que mi vida la volvieras tuya,
te rogué que me amaras,
te imploré cariño.
tocaste mis fibras sensibles,
y, en un parpadeo caí,
soñaba que moría,
y carecía de tu amor,
no me pierdas más por favor,
se sincero aunque sea solo una vez

Lavanda

Cuando cierro mis ojos te veo, parado,
ahí, solo, te veo,
y lo siento,
otra vez y otra vez y otra vez,

Y te veo,
y me muerdo las uñas, y me recojo el pelo,
y sueño en silencio,

Te veo, ahí, solo
te veo te veo.

Nomeolvides

Pasan los días y horas,
ya no miro al reloj,
segundos quizás,
y yo solo lloro.

Cierro los ojos deseando que no,
pero no estás aquí,
no estoy yo ahí,
cuando solté tu mano me perdí,
averiguar quién era antes de ti,
imposible misión.

Pasa el tiempo y lo sé,
debió ser duradero,
la vida misma se burla de mí,
cuando ya no esté,
sé que me echarás de menos,
y vendrás corriendo,
como cuando lo hacías a mis brazos,
solo que ya no estaré aquí.
Maldigo el día en que me deje abrazar,
cuando besaste mis muñecas,
prometiste el mundo entero,
que mundo tan pequeño,
pero no importa ya,
solo pasa el tiempo,
y yo me vuelvo un recuerdo
en el baúl de tu mente.

Pensamiento malva

Un día despierto y me veo en el espejo,
arrugas en la cara,
ojos caídos,
labios fruncidos,
me tapo los ojos y abro la gaveta,
saco las pastillas y las tomo en puño.
Camino sin prisa, en la casa vacía,
llego como todos los días a aquel desgastado sillón,
me siento en silencio y escucho mi respiración.
y me pregunto
¿Alguna vez me quisiste?

Tomo la cajetilla de cigarros y enciendo uno,
no importa ya el humo,
asfixiante, relajante,
pasa y absorbe,
¿Alguna vez me quisiste?

Me pellizco las manos y me muerdo las uñas,
una lágrima recorre mi anciano rostro,
¿Alguna vez me quisiste?

Petunia

Esta soy yo escribiendo a tinta y papel,
por ti y por tu amor,
amargo sabor,
te extraño mi amor.

Esta soy yo sin más barreras
fría y desolada,
me dejaste desarmada
y yo que tanto te amaba,
hoy quedo empapada de amargo sabor.

Lloro en silencio,
pidiéndole al cielo calme el dolor,
me duelen las cicatrices que dejé sin curar,
que quedaron expuestas al sol sin más,
aquellas que tú hacías y yo decía eran por amor.

Esta soy yo,
triste y amargada,
completamente sola,
sin ti una vez más

Sauce llorón

He llegado a la isla del deseo profundo,
cala en mis huesos la ardiente paz,
estando a la deriva,
perdiendo el calor,
hoy que llego a mi isla;
me encuentro tranquilo,
embriagado de paz,
la lucidez terminal,
está bien,
quiero pensar,
lo puedo aceptar,
la isla me ha de llevar;
absorbe lo malo y me deja tranquilo,
asimilando las palabras,
y las cosas que me han llevado a este destino,
pensé estar varado,
pero he encontrado el camino,
sentado en mi isla de lucidez terminal,
viendo la vida pasar,
me dejé llevar.

Ébano falso

Cuando te amé,
solo Dios sabe cuanto lo hice, cuando te fuiste,
solo Dios sabe cuanto lloré.

Eras estrella, eras el sol,
radiante y cegador
y yo buscaba tu calor y me recostaba en el piso,
y pedía cariño,
mientras lamía mis heridas,
heridas que tú hacías,
y yo decía que me amabas,
pero solo era un invento,
y tú tocabas mi alma,
mientras yo me dejaba caer.

Nunca supe qué pasó,
no quisiste decirme,
no te obligué a hacerlo,
solo te fuiste,
y yo quedé sangrando,
porque me arrancaste el corazón.

Eglantina

Y cuando por fin me decido a amarte,
ya no estás,
he luchado en vano ahora que te perdí,
veo en el espejo mis recuerdos de cuando fui feliz,
leo mis notas y repaso las líneas,
veo más allá de lo que alguna vez fui,
y me di cuenta,
que todo se resume a ti.

Y corro detrás de ti
pero no te alcanzo,
me canso
caigo de rodillas e imploro,
grito por ayuda,
no me había dado cuenta que sangraba,
no me percate del dolor punzante en mi cabeza.

Estoy llorando sin refugio,
casa abandonada,
infestada,
triste y sola.

Rosa japonesa

De mis entrañas saco una estrella,
pa' mandarla al firmamento,
vuela, se posa y brilla.

Me duele en el pecho,
encoger mi alma,
yo las cuento,
me pierdo,
acaricio mis manos,
en señal de frustración.

Mi corazón llora,
que las quiero y no puedo,
las cuento,
me pierdo,
las suelto,
no regresan.

Las extraño,
no voltean,
no me miran,
me olvidan.

Recojo mis pedazos,
los acuesto en la cama,
me tapo entera,
me hago bolita,
duermo.

Hasta que vuelvo a tener otra estrella.

Silene gallica

Fuimos efímeros,
espacios que se intercambian,
estrellas que colisionan.

Que me perdone Asteria,
por decir que eres mejor que su creación,
que me enfrento a ella,
sin importar que mi batalla sea perdida,
solo por defender el destello de tus ojos,
que explota,
y florece,
que ilumina senderos,
que me llena de vida,
de emoción y amor,
que en la guerra perdida,
ganó un corazón,

Eléboro

Odio la forma en la que dices que me amas
porque suena sincero,
odio tu pelo,
odio tus ojos
y odio lo frágil que me haces sentir,
odio estar sola
y odio que lo sepas,
odio que estes,
pero odio más cuando te vas,
odio sentirme bien,
no es mi mayor costumbre,
odio seguir jugando
odio estar viva,
odio que me hagas sentir viva,
odio que no me dejes morir,
odio ser tuya
y odio lo mucho que te amo,
odio sonreír,
odio vivir,
o, tal vez... lo odiaba

Caléndula

Tal vez y solo tal vez,
te entiendo,
lo que el amor significa para la traición,
no tiene acuerdo;
llega a cada parte de mis huesos;
penetrando el alma;
porque amé cada parte de ti;
y hoy se me es arrebatado el sentimiento,
el cual ya siento ajeno,
sentirme amada, idealizando sensaciones;
con el propósito de sentirme mejor.

Porque,
tal vez y solo tal vez,
te entiendo,
sé, que yo fui quien te hizo el rey,
del mismo reino del que me destierras hoy mi amor,
pero, lo que el amor significa al rencor,
no tiene acuerdo.

Invadiste cada parte,
con el pretexto de curarme,
yo que pensé,
que la ansiedad causada por tu presencia eran mariposas,
locura la mía el haber caído por ti.

Ya no puedo,
no con tanto,
porque duele,
es un círculo,

espero,

te espero,

no me sienta bien esperar en un vagón vacío a que llegues,

con la incertidumbre de si me elegirás,

¿llegarás?,

se me va a ir la vida,

se me va a ir la vida esperándote, amor;

porque, tengo la esperanza de que me llegues a amar;

y, tal vez solo tal vez,

te entiendo,

yo también quiero volar.

Flor de ciruelo

Para cuando logres amarme,
estaré tan lejos
que no escucharé tus gritos,
para cuando logres amarme
no mirare atrás y correré con prisa,
para cuando logres amarme
yo, abre logrado olvidarte.

Ser sincera es mi perdición,
sé que me lastimas y no puedo evitarlo,
regreso, me trepo, me caigo,
eres mi ancla,
me atas y me llevas a lo más profundo.

Para cuando logres amarme
ruego a Dios no estar aquí,
para cuando logres amarme,
siempre vuelvo a ti,
para cuando logres amarme
habré corrido y volado,
para cuando logres amarme
estaré muy lejos,
para cuando logres amarme
no escucharé tus gritos,
para cuando logres amarme
ya no habrá rastro mío.
¿ya no habrá rastro mío?

Adelfa

Estoy a la espera,
de perder la esperanza,
siento que desespera,
desequilibrar la balanza;
de este amor tan insufrible,
fruto de falsa confianza,
honorificando a la muerte,
que me llena de nostalgia.

Comiendo de tu carne,
felicidad reflejada,
tortura mis entrañas,
de manera injustificada,
con la excusa adecuada,
para hacer que me desangre.

Que cuando corro y tropiezo,
arder es lo que me gusta,
sangre sabor a miel,
con regusto de limón,
remedio pal corazón,
ese que me hace tanto bien, amor.

Trébol de cuatro hojas

Suspiro.
Siento.

Deslizo mis manos;
recorro montañas,
mis pies descalzos,
amando a las piedras,
pisando las flores;
matando sentimientos,
enterrando emociones,
como burbujas de jabón.

Corro hacia abajo,
perdiendo el camino,
desafiando el destino,
presagiando mi dolor.

Recorro sin prisa,
soñando despierto;
queriendo ser campeón.

Suspiro.
Siento.

Gano o pierdo;
primero,
primero.
Soy aire y soy fuego.
Vuelo y respiro.

Me caigo y suspiro.
Cierro los ojos.
Y,
llego, llego, llego.

Iris Blanco

Ahora estoy en el balcón, buscando a mi Romeo,
¿Dónde estás que no te veo?

Apagando el corazón,
para entrar en razón,
de lo mucho que te quiero;
veo en el cielo,
pasar la vida entera,
aunque no se recupera,
de aquel amor tan bello.

Me llena de amargura,
de vida y ternura,
me llena de desgracia,
amor y templanza.

Yo sé que contradigo,
está en mi destino,
ser una desgracia
a la hora de amarte;
pese a que busco en todas partes,
no puedo encontrarte.

Me caigo de rodillas,
intentando atraparte,
no te rías que me ensañó,
no quiero hacerte daño,
ya que, por este amor bendito,
yo quedé hecha trocitos.

Ya me voy despidiendo,
porque el sol se está escondiendo,
y aunque me gusta estar hablando,
no puedo estar tardando,
porque, piensan que me acobardo,
yo tengo que estar llegando,
que mi amiga se desespera,
y me va a ir dejando.

Adió Romeo mío,
sé que estás escuchando,
me voy marchando,
al encuentro con la luna,
para irme despejando,
de cualquier amargura,
nos vemos en un rato,
cuando el sol esté de vuelta,..

Lisianthus

Somos fuego,
ardemos,
bailamos,
quemamos.

Te
amo, te
amo, te
amo.

Te beso la boca,
porque me provoca,
sentimiento perfecto,
que causa efecto.

Me arden las entrañas,
con cada pensamiento,
tenerte a mi lado,
es tan intenso.

Y te
amo te
amo te
amo.

Capullo de rosa roja

Solemos,
solemos decir lo que podemos,
sin abrir demás la boca,
escondiendo miles de palabras,
un sinfín de historias.

Solemos,
perder emociones,
solemos,
soñar con lo que no podemos obtener,
por motivos extraños,
solemos,
pedir lo que no tenemos,
aunque no lo queramos,
aunque no lo necesitemos,
solemos,
llorar hasta dormir y morir en sueños,
solemos,
sentir la soledad carcomiendo nuestro cuerpo,
solemos,
amar,
ser amados,
solemos,
perder,
y extrañar.

Pero,
sobre todo,
solemos vivir.

Jacinto

Me encontraba con las plantas,
pa' poderme desahogar,
entre sollozos mis lamentos,
yo les pude platicar.

Les conté del más reciente,
mi amado Jacinto,
que sin previo aviso,
de mi vida marchó.

Él estaba tan borracho,
se tropezaba al caminar,
caminó hasta estación para a su casa llegar,
no logró frenar.

Y, sin tardanza,
se cayó de panza,
hacía las vías del tren,
lamento las heridas,
que aún no cierran de ese día;
el tren iba con prisa,
que no se percató,
y a mí Jacinto arrolló.

Tan rápido pasó,
que nadie se dio cuenta,
y, al darse la vuelta,
un ratón lo miró
 con cara de asco,
a un guardia avisó,

aquel león uniformado,
a la estación llamó, con un rugido,
todos llegaron por montón.
A Jacinto quisieron rescatar,
pero el pobre no respiraba.

El show aún comenzaba,
de mis lamentos,
un conejo se logró percatar,
se acercó a consolar,
me invitó a cenar,
yo con mi pena,
decidí aceptar.

Le hablé de Jacinto unos minutos,
pero, pasada la conmoción,
le conté con emoción,
mi afición por las flores,
la escritura y el arte
no se fue a ninguna parte,
atento me escuchó;
Me invitó a Marte,
yo estaba ocupada,
le dije: Plutón.

De pronto me dio sueño,
le dije con vergüenza,
me levanté con entereza,
y en mí cama me acosté;
recordando a Jacinto,
un gran amor fue.

Pero la vida se me pasa,
y no estoy a la espera, de terminar sola,
por la falta de esperanza.

Que siga mi camino,
recorriendo los senderos,
para topar con mi destino,
y despedirme del pasado,
en mira de cualquiera,
porque la gente no avanza,
si no mira que estás fuera.

Mi corazón lo hago chiquito,
pa' guardarlo en la cartera,
y cambiarlo por un vale,
porque a no hay nada en la alacena,
que, de amor no se muere,
ya me lo dijo mi abuela.

Girasol

Ay corazón,
no sé qué decirte,
no sé cómo hacerte entender,
no sé qué hacer contigo,
te quiero tanto, pero tanto, tanto,
que el pecho me explota y no aguanto,
no pierdo el tiempo en salir corriendo,
huyendo y escapando,
yo no sé amar a medias,
se me acelera el corazón,
me lo arranco y te lo entrego,
cómelo y siente como pasa y pasa y pasa,
y desemboca en tu estómago,
siente la unión,
te regalo mi mente y mi cuerpo,
te doy todo,
todo, todo, todo,
acéptalo,
llévate mis entrañas,
llévate mi alma y destrúyeme completa,
yo estoy perdida

Tulipán

Y, he de asegurarte amado mío,
que es ahora el momento en el que entiendo,
en el que entiendo a todos aquellos,
aquellos a los que alguna vez llamé locos
por dedicar su último aliento al amor.

Hoy, a mí pesar,
he dejado todas mis cartas sobre la mesa,
y, me he puesto a pensar,
que no es justo llamarlos locos,
por el simple hecho de que hoy yo estoy aquí,
aquí sin vida, sufriendo por ti.

¡Locos, les decía locos!
Aquellos locos a los que hoy rindo cuentas,
por alguna vez haberlos nombrado así,
porque uno nunca sabe lo mucho que ama,
hasta que no es más que cenizas;
es ahí donde me di cuenta,
que aquellos a los que les decía locos...,
no eran más que simples enamorados.

Clicinia

Hoy pongo en tus manos,
el presagio del mal augurio,
ese que me acompaña,
desde el día en que acepté quererte.

Tengo miedo,
te lo digo a los ojos,
no se sentir, mi amor,
debilitas mis barreras,
desprotegida,
desnuda,
abrazo mis huesos,
no se amar,
aun cuando sé que lo hago,
te amo,
aun cuando sé que es correcto,
me aterro.

El odio invade mis venas,
llevándolo al corazón,
advirtiendo la amenaza
 de destruirme, mi amor,
abrazo mis piernas,
en señal de protección,
y, me odio,
por amarte,
amarte hasta la médula.

Miedo,
tengo tanto miedo,

a perderte,
así que, por favor,
toma mis manos,
mírame a los ojos,
y, dime:
"Te amo, igual".

Zinnia Amarilla

Si nos vemos,
sí jugamos,
si perdemos y soñamos,
sí huyo,
¿me persigues?

En la niebla aquel día,
asustada,
yo temblaba.

Me abrazaste,
me llamaste,
me decías:
"te amo, te amo,
¿me escuchas?".

Yo pensé:
"me ves, me ves".
Me asusto,
me asusto porque me ves,
y nunca me habían visto.

Lloro,
porque te tengo,
me abrazas,
me tienes,
me besas,
¿lo sientes?
¿lo sientes?

Te digo:
"lo siento,
lo siento,
me tienes,
te tengo".

Y dices:
"te veo,
te veo,
no huyas,
no corras,
te amo,
te amo".

Campanilla de invierno

Ellos,
ellos dicen,
ellos quieren,
ellos piden,
y ellos lloran.

Ellos,
ellos ruegan,
ellos rezan,
ellos gritan,
se hincan,
se pierden.

Ellos,
ellos mueren,
ellos aman,
ellos quieren,
se quieren y,
lloran;
no pueden,
y caen.

Ellos,
ellos superan,
conocen,
abrazan,
aman,
y, despiertan.

Ellos,
ellos aman,
corren,
vuelan,
ellos salen,
salen y, gritan.

Orquídea

Suspiro,
bello, lleno,
amor,
hazme daño,
entre besos, besos,
te amo,
te doy permiso,
pa' poder hacerme daño,
te doy permiso,
pa' destrozar mi corazón,
amor, amor,
te doy permiso,
pa' romperme en pedazos,
si así lo prefieres,
amor, amor,
no me sueltes,
amor, amor,
me asfixio,
amor, amor,
me caigo,
no me sueltes, por favor,
aprieta mi mano y guíame,
amor, amor,
enséñame a amar,
y amor, amor,
sí así lo quieres miénteme,
pero,
no te vayas,
suspiro,
bello, lleno,
amor, amor

Violeta de Parma

Parpadeas,
cae una pestaña,
la tomas en manos,
y cierras los ojos,
etéreo;
te veo,
te veo,
soplas tres veces:
una pidiendo amor,
no se va,
dos pidiendo felicidad,
no se va,
sin esperanza,
en la tercera no pides nada.

La pestaña salta en vuelo,
surcando en el viento,
llevando el deseo,
prometiendo el regalo,
pa' traer algo bueno.
Te ríes de la ironía,
de rendirte tan fácil.

Prometo darte amor,
prometo alegrar tus días,
prometo darte esperanza,
y, como la caja de pandora;
mi corazón se abrió,
salieron mis demonios,
pensando en echarte,

los tomaste,
te quedaste,
me quisiste.

Mi pecho se abrió,
dejándote ver,
lo más profundo de mi ser,
carne,
músculos y huesos,
el corazón a pecho abierto,
mi alma,
mi sangre,
lo tomaste,
me amaste.

Respiro profundo,
cierro los ojos,
y, cuando los abro,
la siento,
sostengo la pestaña en mis dedos,
me rio,
pido un deseo,
no perderte amor,
soplo,
y,
sale volando.

Platycodon

Cuando te vi,
conocí,
el significado de sempiterno,
déjame explicar:
somos tú y yo,
somos para siempre,
somos infinito,
y aun cuando me convierta en polvo de estrellas,
volveré a ti,
cuando me desintegre y sea un árbol,
te daré frutos.

Hoy tengo más ganas morirme que ayer,
pero,
es menos difícil si estás a mi lado,
leyendo mis ojos,
apretando mi mano,
sé que estás ahí,
entonces,
recuerdo,
todo va a estar bien

Enebro

Espacio blanco cuando escribo,
no sé diferenciar los acentos,
no sé cómo poner las comas,
solo sé que te amo.

Muero cada vez un poco más,
siembro las semillas de mi arrepentimiento,
lloro y me inundo con sentimiento,
sal esparcida por doquier,
y, aun así, sé que te amo.

Ruedo por el suelo de dolor,
dolor que provoca que vomite,
tomo pastillas por montón,
para desvía mis pensamientos,
sentada en el mullido sillón,
y solo sé que te amo.

Me quema en las entrañas,
llegando profundo a mi alma,
le hace un hoyo a mi corazón,
y escupo sangre por borbotones,
y lloro y rio y canto,
porque eres todo y nada al mismo tiempo,
y soy feliz de vez en cuando,
cuando te veo,
cuando te siento,
y por eso sé que te amo

Camelia

Déjame amarte,
amarte a mí manera,
manera sangrienta,
sangre que cae del cielo,
cielo que ilumina.

Llovizna adorada,
vino, roja o rosada,
amor mío déjame amarte,
amor mío,
que te toco y me muero,
que prometo a la luna,
luna adorada,
adorarte cada día de mi miserable vida,
con esto en mente,
corazón y alma,
he de beberme tu sangre,
hasta que la última gota sea derramada,
derramada en mi boca,
pasando a mi garganta,
saboreando tus partes.

Amado mío eres parte mía,
soy parte tuya,
me uno a tú vida,
vida nueva,
en este baño de sangre,
copa plateada,
plateada la luna,
que alumbra a las estrellas,

hoy en día,
día de boda,
celebración infinita,
en que te entrego mi alma,
alma impura,
alma rota.

Azahar

Mi amor,
toma mi mano y sígueme,
corramos tan rápido que nuestros pies duelan,
no lo arruinemos,
y, apostemos,
todo lo que tenemos,
corramos,
libres,
felices,
por la calle,
el campo,
o la playa,
nos amemos,
como si no hubiera un mañana,
mi amor,
tú dime,
yo te sigo.

Lirios amarillos

Soy vida,
he incluso cuando perezca,
seguiré siendo vida,
he incluso cuando un árbol crezca en mí,
seguiré siendo vida,
incluso cuando haga frío o calor,
cuando me mueva en compás al viento,
y, mis hojas se caigan,
seguiré siendo vida.

Soy vida,
cuando sea una estrella o el simple polvo de esta,
soy vida,
soy vida cuando lloro,
cuando rio,
cuando grito y cuando me enojo,
soy vida.

Somos uno,
del singular siendo plural,
me he de alegrar,
somos vida,
soy vida,

Salgo a la ventana,
los árboles y plantas me dan la bienvenida,
salto y corro,
y grito, porque soy vida,
soy vida y no sabía.

Del singular siendo plural,
somos,
vida,
vida,
vida mía.